Canguro arborícola

Julie Murray

Abdo Kids Junior es una
subdivisión de Abdo Kids
abdobooks.com

Abdo
ANIMALES INTERESANTES
Kids

abdobooks.com

Published by Abdo Kids, a division of ABDO, P.O. Box 398166, Minneapolis, Minnesota 55439.
Copyright © 2024 by Abdo Consulting Group, Inc. International copyrights reserved in all countries.
No part of this book may be reproduced in any form without written permission from the publisher.
Abdo Kids Junior™ is a trademark and logo of Abdo Kids.

Printed in the United States of America, North Mankato, Minnesota.

052023

092023

THIS BOOK CONTAINS
RECYCLED MATERIALS

Spanish Translator: Maria Puchol

Photo Credits: Getty Images, Minden Pictures, Shutterstock

Production Contributors: Teddy Borth, Jennie Forsberg, Grace Hansen

Design Contributors: Candice Keimig, Pakou Moua

Library of Congress Control Number: 2022950872

Publisher's Cataloging-in-Publication Data

Names: Murray, Julie, author.

Title: Canguro arborícola/ by Julie Murray

Other title: Tree kangaroos. Spanish

Description: Minneapolis, Minnesota: Abdo Kids, 2024. | Series: Animales interesantes | Includes online
resources and index

Identifiers: ISBN 9781098267490 (lib.bdg.) | ISBN 9781098268053 (ebook)

Subjects: LCSH: Tree kangaroos--Juvenile literature. | Marsupials--Juvenile literature. | Animals--
Juvenile literature. | Rain forest animals--Juvenile literature. | Zoology--Juvenile literature. | Spanish
Language Materials--Juvenile literature.

Classification: DDC 599.22--dc23

Contenido

El canguro arborícola

Los canguros arborícolas viven en Australia y Nueva Guinea. Existen catorce tipos diferentes.

África
Asia
Nueva Guinea
Australia

Todos ellos viven en bosques.

¡Pasan la vida en los árboles!

Su cuerpo es robusto.
Puede llegar a pesar
30 libras (13.6 kg).

Su pelaje es corto y puede
ser de diferentes colores.

11

Tienen la cola larga,
lo que les ayuda a
mantener el **equilibrio**.

Las patas y los brazos de
estos canguros son fuertes.
Son buenos escalando.

¡También saltan muy bien!

Brincan de árbol en árbol.

Los canguros arborícolas
se alimentan de hojas,
flores y fruta.

Las madres llevan a sus crías en el **marsupio**.
Ahí permanecen durante siete meses.

21

Características

brazos y patas fuertes

cola larga

panza de color más claro

pelaje corto

Glosario

equilibrio

balancear el peso sin caerse.

marsupio

bolsa de piel natural en las hembras de algunos animales. Sirve para transportar y sujetar a las crías.

Índice

¡Visita nuestra página **abdokids.com** y usa este código para tener acceso a juegos, manualidades, videos y mucho más!

Los recursos de internet están en inglés.